Wellpappe

Karten, Schachteln & Co.

Ideen über Ideen

Well-pappe

Karten, Schachteln & Co.

Iris Kasperek

FALKEN

INHALT

SCHACHTELN & CO.

VORWORT

Farbige Wellpappe und handgeschöpfte Papiere, die in großer Farbenvielfalt seit einiger Zeit im Handel erhältlich sind, eröffnen ein neues Feld schöpferischen Gestaltens. Besonders faszinierend ist die Fülle der Verwendungsmöglichkeiten dieser Materialien, ob Sie nun Grußkarten, Dosen, Schachteln oder andere Geschenke fertigen wollen.
Sämtliche Bastel- und Dekorationsideen, die Sie in diesem Buch finden, sind natürlich nur Vorschläge, sollen Anregungen geben. Sie können aus dieser Fülle schöpfen und dabei auch ganz eigene Kreationen entwickeln.

Zu jeder Bastelarbeit in diesem Buch finden Sie eine ausführliche Materialliste. Alle dort aufgeführten Materialien erhalten Sie in gut sortierten Bastelfachgeschäften, Papeterien oder Dekorationsläden. Außerdem finden sich sicher in jeder Bastelkiste kleine Schätze, die ideal zum Verzieren Ihrer Karten, Dosen und Schachteln geeignet sind – Bänder, Seidenreste, Trockenblumen, Schmuckteile und vieles mehr.
Sie werden mit Hilfe dieses Buches schnell merken, mit wie wenig Aufwand Sie Ihre Ideen verwirklichen können.

Ich wünsche Ihnen dabei viel Spaß!

MATERIAL UND TECHNIK

Die Grundmaterialien zur Anfertigung der Karten und Dosen, die Sie in diesem Buch sehen, sind **Wellpappe, handgeschöpfte Papiere, Span- und Pappschachteln, Dekobänder** sowie verschiedene **Farben** zum Bemalen.

Wellpappe gibt es inzwischen in vielen verschiedenen Farben zu kaufen. Handgeschöpfte Papiere sind ebenfalls in vielen Variationen erhältlich, wie zum Beispiel als **Kokosfaserpapier, Netzpapier** oder **Strukturpapier**. Auch hier ist die Farbauswahl groß.

Span- und Pappschachteln sowie Dekobänder und Glitzer-, Stein- und Metallicfarben erhalten Sie in jedem gut sortierten Bastelgeschäft in reichlicher Auswahl.

Zum Dekorieren Ihrer Karten und Geschenkdosen können Sie alle Materialien verwenden, die Sie zur Verfügung haben. Einiges findet sich sicher in Restekisten, anderes entdecken Sie auf dem Flohmarkt, in Bastelgeschäften oder zu Hause beim Weihnachtsschmuck.

Schneiden

Die Wellpappe schneidet sich am besten mit einem Cutter (Schneidmesser) und einem Metallineal – zeichnen Sie dabei die Schnittlinien mit einem Bleistift leicht vor.

Kleinere Teile lassen sich aber auch mit einer Schere gut zuschneiden.

Einen besonderen Effekt erzielen Sie, wenn Sie mit einer Zackenschere arbeiten, da der dabei entstehende gezackte Rand sehr gut zur Riffelung der Wellpappe paßt.

Kleben

Für Klebearbeiten sollten Sie weißen Bastelkleber, der transparent abtrocknet (z. B. UHU-Bastelkleber), verwenden. Das Aufkleben von dreidimensionalen Dekoteilen läßt sich mit einer Heißklebepistole einfacher bewerkstelligen.

Zuschneiden der Karten

- Wellpappe mit Schere oder Cutter im DIN A4-Format (21 x 29,7 cm) zuschneiden.
- Blatt parallel zur Riffelung der Wellpappe zur Klappkarte falten.

Tip: Bei einigen Karten werden Dekobänder oder Papier um die Innenkante geklebt. Um diese zu kaschieren, fertigen Sie sich ein farblich passendes Einlegeblatt aus Tonpapier an und kleben dieses zum Schluß ein. Um die Karte innen beschreiben zu können, genügt es, ein Blatt Tonpapier einzulegen.

Herstellen der Dosen

- Wellpappe auf das gewünschte Format zuschneiden, dabei für den Umfang ca. 2 – 3 cm zugeben.

- Die Innenwände des Spandosenunterteils mit Bastelkleber einstreichen und antrocknen lassen.
- Wellpappe in die Dose einstecken und mit der Hand innen mit leichtem Druck und Drehbewegung einpassen.
- Die überlappenden Teile der Wellpappe mit Kleber bestreichen und so verkleben, daß der obere Teil etwas weiter wird – so paßt der Deckel.

Tip: Bei großen Dosen ist es ratsam, die Wellpappe oben an der Überlappung mit einer Büroklammer zu fixieren, um ein Verrutschen zu verhindern.

Karten rund ums Jahr

HERZLICHEN GLÜCKWUNSCH!

Bunt und üppig

Diese sehr dekorativ gestalteten Karten können Sie entweder zum Geburtstag oder einem anderen festlichen Anlaß verschenken. Sie sind durchaus ein kleines Geschenk für sich.

Anleitung

Karte mit Packpapier

- Packpapier sorgfältig knüllen und auf die vorher aus Wellpappe zugeschnittene Karte kleben (geht gut mit einer Heißklebepistole).
- Zimtstangen und Mohnkapseln mit farbigem Lederband umbinden. An den Schleifenenden je eine Keramikkugel mittels Knoten befestigen.
- Verschiedenfarbige Holzplättchen dekorativ aufsetzen und die Karte dann nach Bedarf weiter ausschmücken.

Karte mit Seidenschleife

- Tonkarton in Kartenform, wie auf Seite 9 beschrieben, zuschneiden und falten.
- Schwarzes Netzpapier auflegen, dabei einen Teil um die Falzkante legen.
- Zwei beliebige Stücke aus schwarzer Wellpappe zuschneiden und ebenfalls auf die Karte kleben.
- Ein Stück Seidenrest entsprechend formen und einen Filigranschmetterling als „Brosche“ aufsetzen.

Karte mit Dekoblättern

- Einen Streifen marmoriertes Papier auf die vorher aus Wellpappe zugeschnittene Karte kleben, dabei einen Teil um die Falzkante legen.
- Hellblaues Jutenetzband ebenfalls aufkleben.
- Dekoblätter arrangieren.
- Aus Bast eine Schleife binden und als I-Tüpfelchen aufsetzen.

Karte mit Korken

- Einen Streifen marmoriertes Papier mittig ganz um die Karte kleben.
- Weinkorken in 7 Scheiben schneiden, auf der Karte arrangieren und aufkleben.
- Ein Maisblatt anmalen und zusammen mit drei weiteren Maisblättern aufkleben.
- Aus lilafarbenem Bast eine Schleife binden und zusammen mit grünen Weizenähren auf die Karte setzen.

DAS BRAUCHEN SIE:

- Wellpappe in Schwarz und Beige
- Fotokarton in Beige
- Packpapier
- einige Zimtstangen
- Mohnkapseln
- farbiges Lederband
- zwei Keramikkugeln
- verschiedenfarbige Holzplättchen
- handgeschöpftes Netzpapier
- Seidenrest
- Filigranschmetterling
- marmoriertes Papierband
- drei Dekoblätter
- Bast in Beige und Lila
- hellblaues Jutenetzband
- zwei Weinkorken
- drei Maisblätter
- einige grüne Weizenähren

Naturtrend

Möchten Sie Ihre Lieben mit einer individuell gestalteten Geburtstagskarte überraschen? Nicht nur Naturfreunde werden davon begeistert sein!

Anleitung

Karte mit Holzapfel

- Wellpappe in Kartenformat zuschneiden und falten. Aus rotem Tonkarton geometrische Form ausschneiden.
- Handgeschöpftes orangefarbenes Papier in zwei unterschiedlich große Teile schneiden und zusammen mit dem Tonkarton aufkleben.
- Heu, Holzapfel und Tiririca darauf arrangieren und befestigen.

Karte mit Seestern

- Wellpappe in Kartenform zuschneiden und falten.
- Ein Stück handgeschöpftes Papier, den gerafften Tüllspitzenrest, Goldfolie mit Seestern, Maisstroh, Bouillondraht und bunte Holzplättchen nach Geschmack anordnen und aufkleben.

Karte aus Tonkarton

- Tonkarton in Kartenformat zuschneiden und falten.
- Ein Stück handgeschöpftes Papier aufkleben, Naturmoos aufsetzen, Holzästchen übereinanderlegen und verkleben, Dekoblatt und Flechtgewebe dazudekorieren und befestigen.

DAS BRAUCHEN SIE:

- Wellpappe in Natur
- Schere
- Tonkarton, hellbraun und rot
- Kleber
- handgeschöpftes Papier in Orange und Natur
- Flechtgewebe, natur
- etwas Heu
- getrocknete Maisblätter
- Naturmoos
- Dekoblatt
- vier Holzästchen
- Tiririca, grün
- Holzapfel
- Tüll, braun-grün gemustert
- Seestern
- Holzplättchen, bunt
- Bouillondraht
- Goldfolie

FROHE OSTERN!

Aus dem Ei gepellt

Variationen zum Thema Ei – originelle Ostergrüße, die garantiert gut ankommen!

Anleitung

Karte in Eiform

- Wellpappe zunächst in Kartenform zuschneiden und falten. Daraus und aus gelbem Tonpapier eine Eiform schneiden, wobei ein Stück Falzkante stehenbleibt.
- Karte mit Dekoband umkleben, Enden dabei nach innen zwischen Tonpapier und Wellpappe legen und dann verkleben.
- Aus einem zweiten Stück Dekoband eine Schleife binden und seitlich aufsetzen.
- Aus Kokosfaserpapier unterschiedlich große Kreise ausschneiden und aufkleben.

Karte mit Eierschalen

- Aus Tonpapier die Form eines kaputten Eies ausschneiden und auf die vorher aus Wellpappe zugeschnittene Karte kleben.
- Eierschalen zerdrücken, Tonpapier-Ei mit Bastelkleber dick einstreichen, Eierschalen daraufstreuen und gut andrücken.
- Aus grünem Tonpapier Gras in vereinfachter Form ausschneiden und zusammen mit einer Bastschleife und einigen Federn aufkleben.

Gelbe Karte

- Wellpappe in Kartenform zuschneiden und falten.
- Aus Wellpappe, handgeschöpften Papieren und Flechtgewebe unterschiedlich große Eiformen ausschneiden; eines der Wellpappe-Eier auf der Vorderseite mit Steinfarbe bemalen.
- Aus den grünen Tonpapieren Gras in vereinfachter Form ausschneiden.
- Alle Teile aufkleben, Karte zum Schluß mit einer Schleife aus brauner Kordel verzieren.

DAS BRAUCHEN SIE:

- Wellpappe in Natur, Grün und Gelb
- Schere
- Tonpapier in Weiß, Gelb, Hellgrün und Dunkelgrün
- Kleber
- Eierschalen (weiß und braun)
- Naturbast
- Federn
- Kokosfaserpapier in Natur und Ocker
- Flechtgewebe in Natur
- Steinfarbe, natur
- Pinsel
- braune Kordel
- Dekoband, Entenmotiv

Landidylle

Osterferien auf dem Bauernhof – warum nicht? Diese Karten sind aber auf jeden Fall ein Trost für die Daheimgebliebenen.

DAS BRAUCHEN SIE:

- Wellpappe in Natur und Grün
- Kokosfaserpapier in Ocker, Dunkelgrün und Natur
- Schere
- Kleber
- Holzwolle
- Naturbast
- kleine Ästchen
- Dekoholzei
- Fasanenfedern, gelb
- halbes Styroporei
- getrocknete Blätter
- Papierostergras, grün
- Weidenkätzchenzweig
- kleine Dekoeier
- Dekohuhn

Anleitung

Karte mit Weidenkätzchen

- Wellpappe in Kartenform zuschneiden und falten. Naturfarbenes Kokosfaserpapier in ein Stück reißen und aufkleben, dabei einen Teil um die Falzkante legen.
- Weidenkätzchen auf die Karte setzen. Aus vier Aststückchen einen Zaun herstellen, Ostergras, Dekoeier und Huhn darunter plazieren und dann alles aufkleben.

Grüne Karte

- Wellpappe in Kartenform zuschneiden und falten.
- Ockerfarbenes Kokosfaserpapier in ein Stück reißen, einen Teil um die Falzkante legen und befestigen.
- Ein halbes Styroporei mit getrockneten Blättern überziehen und aufkleben.
- Mit Ostergras, Ast und Federn Karte weiter ausschmücken.

Karte mit Holzei

- Wellpappe in Kartenform zuschneiden und falten. Dunkelgrünes Kokosfaserpapier in ein kleines Stück reißen und aufkleben.
- Aus einigen Ästchen ein kleines Bündel formen, mit Bast umwickeln und zusammen mit Holzwolle und Holzei ebenfalls aufkleben.

VERLIEBT, VERLOBT, VERHEIRATET

Junges Glück

Ganz natürlich und schlicht wirken diese Karten, die mit Sicherheit eine frohe Botschaft ins Haus bringen.

Anleitung

Herzkarte

- Wellpappe in Kartenform zuschneiden und falten.
- Handgeschöpftes Papier in ein unregelmäßiges Stück reißen und aufkleben.
- Aus dunkelrotem Kokosfaserpapier zwei Herzen ausschneiden und daraufsetzen.
- Bastschleife als Verbindung für die Herzen aufkleben.
- Rote Kordel um die Karte binden und am unteren Ende verknoten.

Karte mit Hochzeitskutsche

- Wellpappe in Kartenform zuschneiden und falten.
- Dekoband aus Jute längs um die Karte legen und aufkleben.
- Handgeschöpftes Papier in ein Stück reißen und ebenfalls aufkleben, darauf die Metallschablone legen und mit einem Goldstift die Hochzeitskutsche aufmalen.
- Kleine Quaste an der Kordel befestigen, diese um die Karte legen und am unteren Ende verknoten.

Karte mit Kirchenmotiv

- Weißen Tonkarton in Kartenform zuschneiden und falten, anschließend vollflächig mit handgeschöpftem Papier beziehen.
- Mit einer Zackenschere ein Rechteck aus Japanpapier und zwei Streifen Wellpappe zuschneiden, diese rechtwinklig zueinander aufsetzen und alle drei Teile aufkleben.
- Spitzenapplikation „Kirche“ mit Seidenmalfarbe einfärben und mittig auf das Japanpapier kleben.
- Auf die Wellpappestreifen zum Schluß zusätzlich zwei Streifen Satinband setzen.

DAS BRAUCHEN SIE:

- Wellpappe in Natur
- Tonkarton in Weiß
- handgeschöpftes Papier in Natur
- Japanpapier
- Kokosfaserpapier in Dunkelrot
- Schere
- Kleber
- Zackenschere
- Seidenmalfarbe in Altgold
- Naturbast
- Kordel in Rot und Gold-Natur
- kleine Quaste
- Japanpapier
- Spitzenapplikation „Kirche“
- Metallschablone „Hochzeitskutsche“
- Goldstift
- Jutedekoband
- weißes Satinband

Jubiläen

Ob Sie nun 25 Jahre (Silberhochzeit), 10 Jahre (Rosenhochzeit) oder erst 1 Jahr (baumwollene Hochzeit) verheiratet sind – ein Grund zum Feiern ist es in jedem Fall.

DAS BRAUCHEN SIE:

- Wellpappe in Weiß
- Schere
- Kleber
- Silberfolie
- Elefantenhautpapier in Rosa
- Japanpapier
- handgeschöpftes Papier in Weiß
- Seidenblumen, weiß
- Rosenrispe, rot
- Dekoblätter, grün
- Dekoband, rosa
- Spitzenband, weiß
- zwei Spitzenapplikationen „Schwan“
- Seidenrest, weiß
- Dekofedern, rosa
- Deko-Eheringe
- Glitzerfarbe in Gold
- Pinsel

Anleitung

Karte mit Schwänen

- Wellpappe in Kartenform zuschneiden und falten. Japanpapier und Elefantenhautpapier in zwei unterschiedlich große Stücke reißen und aufkleben.
- Rosafarbene Federn, Spitzenapplikationen und Deko-Eheringe auf der Karte arrangieren und ebenfalls aufkleben. Karte locker mit Glitzerfarbe in Gold bemalen.

Karte zur Silberhochzeit

- Wellpappe in Kartenform zuschneiden und falten. Japanpapier in ein Stück, Elefantenhautpapier in einen Streifen reißen, beides aufkleben.
- Zwei Herzen aus Silberfolie ausschneiden und aufkleben. Aus den weißen Seidenblumen und den Dekoblättern einen Aufleger fertigen und auf der Karte befestigen.

Karte zur Rosenhochzeit

- Wellpappe in Kartenform zuschneiden und falten. Elefantenhautpapier in ein großes Stück reißen und die Karte damit umkleben.
- Spitzenband darüberlegen, Rosenrispe aufsetzen, Dekoband eventuell beschriften, auf der Karte arrangieren und aufkleben. Den Rosenstiel zum Schluß mit dem gerafften Seidenrest kaschieren.

HURRA, DAS BABY IST DA!

Verspielt und niedlich

Die ganz in Pastellfarben gehaltenen Karten können Sie später auch als Schmuck fürs Kinderzimmer verwenden.

DAS BRAUCHEN SIE:

- Wellpappe in Natur
- Flechtgewebe
- handgeschöpftes Papier in Natur
- Papierdekoband, gemustert
- Waffelnetzpapier, weiß
- weißes Strukturpapier, rosa eingefärbt
- Papierband, rosa
- einige Ästchen
- größeres Aststück
- Islandmoos
- Seidenblümchen, rosa
- Dekoteddy, rosa
- Tonkarton in Rosa und Hellblau für Einlegeblätter
- Filz in Rosa und Hellblau
- je zwei Holzstöckchen
- acht kleine Holzklammern

Anleitung

Karten mit Wäscheleine

- Wellpappe jeweils in Kartenform zuschneiden und falten.
- Nach Wahl ein Stück Waffelnetzpapier oder handgeschöpftes Papier in Natur aufkleben.
- Etwas Islandmoos als Gras auf der Karte arrangieren und mit zwei Stöckchen als Pfosten aufkleben.
- Wäscheleine aus Bast links und rechts an den Stöckchen mittels Schleife festbinden.
- Kleine Wäschestücke aus rosafarbenem oder hellblauem Filz zuschneiden und mit Holzklammern an der Leine befestigen.

Wegweiserkarte

- Wellpappe in Kartenform zuschneiden und falten.
- Ein Stück Flechtgewebe ausschneiden und mittig auf die Karte setzen.
- Aststück als Pfahl aufkleben. Handgeschöpftes Papier in Wegweiserform ausschneiden und mit gerissenen Stücken gemusterten Papierdekobandes bekleben.
- Etwas Islandmoos, ein paar Seidenblümchen und Teddy am unteren Teil der Karte aufsetzen und dann alles aufkleben.

Julien
3.5.1995
3650 gr.

Bunt und lustig

Motive in Pink, Lila, Hellblau und Rosa passen sehr gut zum freudigen Ereignis. Sie landen damit sicher einen Volltreffer bei den glücklichen Eltern.

Anleitung

Karte mit Kinderwagen

- Wellpappe in Kartenform zuschneiden und falten. Aus Moosgummi mit der Zackenschere eine geometrische Form ausschneiden. Dekoband längs um die Karte legen. Aus dem Flechtgewebe Form eines Kinderwagens ausschneiden. Den Bügel aus Bast flechten und zusammen mit einem Stück Baumwollspitze als Zudecke aufkleben. Die Radachsen mit zwei Schmuckscheiben hervorheben.

Drachenkarte

- Wellpappe in Kartenform zuschneiden und falten. Wolken, Drachen, Augenbrauen und Mund aus Tonkarton und Wellpappe ausschneiden, Papierschleife binden und alles aufkleben.
- Unterschiedlich große Schnuller mit Bast verknoten, für den Schwanz die größeren, für die Verzierung des Drachens die kleineren verwenden. Schwanz und Bastschleifen dann, wie auf dem Foto zu sehen, aufkleben.

Karte mit Babyschuhen

- Wellpappe in Kartenform zuschneiden und falten. Weiße Wellpappe mit der Zackenschere als Rundbogen ausschneiden, mit Bordüre umranden.
- Aus Moosgummi Babyschuhe und Blüten fertigen. Schuhe mit Schleifen und Pompons verzieren.

DAS BRAUCHEN SIE:

- Wellpappe in Natur, Gelb, Lila, Pink und Weiß
- Moosgummi in Lila und Rosa
- Bordüre, lila
- Satinband, pink
- Dekoband, Kindermotiv
- Papierband, lila-blau
- Naturbast
- Flechtgewebe in Natur
- Tonpapier in Weiß, Lila und Hellblau
- Baumwollspitze, weiß
- Wackelaugen
- kleine und große Plastikschnuller
- zwei kleine Schmuckscheiben
- fünf kleine Pompons, lila

Gesellige Abende

Da kann keiner widerstehen – diese Einladungskarten sind die Garantie für einen gelungenen Abend. Schließen Sie Absagen aus!

DAS BRAUCHEN SIE:

- Wellpappe in Natur, Weiß und Schwarz
- handgeschöpftes Netzpapier in Schwarz
- handgeschöpftes Papier in Natur
- Schere
- Kleber
- Spielgeldmünzen
- Kokosfaserpapier in Natur
- Puppenschreibtafel
- kleines Stück Schwamm
- Tüll, schwarz mit weißen Punkten
- kleine Holzwäscheklammer
- Minibleistift
- Packpapier
- Spielkarten
- Notenpapier
- Dekogitterband
- kleine Dekonoten aus Goldfolie
- Dekogeige
- Naturbast
- Glitzerfarbe, gold
- Pinsel

Anleitung

Spieleabend

- Wellpappe in Kartenform zuschneiden und falten. Kokosfaserpapier aufkleben, dabei einen Teil um die Falzkante legen. Eine Hand als Schablone auf das handgeschöpfte Papier legen, nachzeichnen und ausschneiden.
- Karten, Hand und einige Spielgeldmünzen auflegen und befestigen.

Konzertabend

- Wellpappe in Kartenform zuschneiden und falten. Ein Stück Notenpapier an den Seiten leicht ausreißen und aufkleben, dabei einen Teil um Falzkante legen.
- Aus schwarzer Wellpappe eine geometrische Form ausschneiden und ebenfalls aufkleben.
- Geige, Gitterband und Dekonoten arrangieren, befestigen und Karte mit etwas Glitzerfarbe bestreichen.

Klassentreffen

- Wellpappe in Kartenform zuschneiden und falten. Netzpapier aufkleben, dabei einen Teil um die Falzkante legen. Ein Stück naturfarbenes Papier ebenfalls aufsetzen.
- Aus weißer Wellpappe und Packpapier das Zeugnis und den Beschriftungsstreifen fertigen, mit der Holzwäscheklammer verzierten Schwamm und Tüll an je einem Stück Bast befestigen und an der Tafel festkleben. Bleistift aus einem kleinen Aststück fertigen und anspitzen, vorn einen schwarzen Punkt als Mine aufmalen.
- Alle Elemente dekorativ anordnen und aufkleben.

Erfreuliche Anlässe

Wer liebt sie nicht, die feuchtfröhlichen Feste, egal ob nun Polterabend, Hauseinweihung oder Maskenball der willkommene Anlaß zum Feiern ist.

DAS BRAUCHEN SIE:

- Wellpappe in Pink, Lila und Weiß
- Schere
- Kleber
- Steinfarbe, weiß
- Pinsel
- Konfetti
- Dekobesen
- Tonpapier in Lila, Gelb und Schwarz
- weiße Spitze
- Watte
- Lederband, lila
- Federn, schwarz mit pinkfarbenen Punkten
- Glitzerfarbe, gold

Anleitung

Hauseinweihung

- Wellpappe in Kartenform zuschneiden und falten.
- Haus mit Eingang in Schlüssellochform aus pinkfarbener Wellpappe ausschneiden. Eingang mit schwarzem Tonpapier hinterkleben. In den Fenstern Gardinen aus weißer Spitze befestigen und mit gelbem Tonpapier hinterkleben.
- Schlüssel aus weißer Wellpappe ausschneiden, mit Glitzerfarbe bemalen.
- Als Rauch oben an den Schornstein ein Stück Watte kleben.

Polterabend

- Wellpappe in Kartenform zuschneiden und falten. Ein Stück lilafarbene Wellpappe ausschneiden, schräg aufsetzen und aufkleben.
- Aus Wellpappe die Form einer Tasse ausschneiden, mit Steinfarbe bemalen, Konfetti sofort danach auflegen.
- Aus pinkfarbener Wellpappe einen Krug fertigen, dabei den Boden zackig ausschneiden; dann mit Steinfarbe bemalen. Weitere Wellpappestücke als Scherben ausschneiden und bemalen.
- Alle vorbereiteten Teile und den Besen aufkleben, einen Streifen lilafarbenes Tonpapier ausschneiden, nach Wahl beschriften und in leichtem Bogen aufkleben.

Maskenball

- Wellpappe in Kartenform zuschneiden und falten. Aus weißer Wellpappe Gesichtsmaske ausschneiden, je ein Stück Lederband rechts und links an der Maske befestigen.
- Augenmaske aus lilafarbener Wellpappe ausschneiden, Oberteil mit Federn verzieren.
- Mit der Zackenschere einen Streifen lilafarbene Wellpappe und Tonpapier ausschneiden und nach Wahl beschriften.
- Alle Teile aufkleben und die Karte zusätzlich mit Konfetti verzieren.

DAS BRAUCHEN SIE:

- Wellpappe in Rot, Grün, Weiß und Blau
- Schere
- Kleber
- Japanpapier
- Juteband
- Goldschnur
- Dekosterne, verschiedene Farben (Folie)
- kleiner Tannenzweig
- Dekoschneemann
- Dekohalbmond (Nikolaus)
- Strukturschnee

FROHE WEIHNACHTEN!

Advent, Advent ...

Ganz individuelle Weihnachtsgrüße für liebe Freunde – ein kleines Geschenk wird jeweils gleich mitgeliefert.

Anleitung

Weiße Karte

- Wellpappe in Kartenform zuschneiden und falten.
- Aus blauer Wellpappe zwei Wolken ausschneiden. Den kleinen Tannenzweig mit Strukturschnee bemalen und dann zusammen mit dem Dekoschneemann und den Sternen aufkleben.

Blaue Karte

- Wellpappe in Kartenform zuschneiden und falten. Ein Stück Japanpapier reißen, um die Falzkante legen und aufkleben.
- Aus weißer Wellpappe drei Wolken ausschneiden, mit Deko-Nikolaus und Sternen die Karte nach Geschmack arrangieren.

Rote Karte

- Wellpappe in Kartenform zuschneiden und falten. Aus grüner Wellpappe Tannenbaum ausschneiden, mit Strukturschnee bemalen, und zusammen mit dem Juteband auf die Karte kleben.
- Aus roter, blauer und weißer Wellpappe durch mehrfaches Falten schmaler Streifen einige Päckchen fertigen, mit Goldschnur binden und zusammen mit einigen Dekosternen aufkleben.

Weiße Weihnacht

Weihnachtszeit – Bastelzeit! Diese Karten sind wunderbar als Geschenkbeilage geeignet und ziehen sicher gleich alle Blicke auf sich.

DAS BRAUCHEN SIE:

- Wellpappe in Rot, Grün und Natur
- Schere
- Kleber
- Tonpapier, hell- und dunkelgrün
- Jutestoff
- Bastgewebe
- Holzapfel
- Folienband, Engelmotiv
- Mini-Dekofiguren
- Dekosterne
- Glitzerfarbe, gold
- Pinsel

Anleitung

Karte mit Tannenbaum

- Wellpappe in Kartenform zuschneiden und falten.
- Ein unregelmäßig geschnittenes Stück Bastgewebe aufkleben.
- Aus grüner Wellpappe Form eines Tannenbaums ausschneiden.
- Mini-Dekofiguren und Dekosterne dekorativ anordnen und aufkleben.

Karte mit Holzapfel

- Wellpappe in Kartenform zuschneiden und falten.
- Tannenzweige aus hell- und dunkelgrünem Tonpapier ausschneiden.
- Jutestoff als Korb zuschneiden, zusammen mit Holzapfel und Dekosternen aufkleben.
- Karte zum Schluß mit Glitzerfarbe leicht schmücken.

Grüne Karte

- Wellpappe in Kartenform zuschneiden und falten.
- Unterschiedlich große Sterne aus grüner Wellpappe ausschneiden, mit Glitzerfarbe bemalen; Folienband „Engel“ und Sterne aufkleben.
- Karte zum Schluß locker mit Glitzerfarbe bemalen.

Schachteln & Co.

GESCHENKSCHACHTELN

Für Großzügige

Diese Schachteln sind ideale Verpackungen für größere Geschenke. Sie können sie aber auch pur als Dekoration verwenden.

Anleitung

Grüne Schachtel

- Schukartondeckel mit grüner Wellpappe bekleben.
- Unterteil mit marmoriertem Papier beziehen.
- Ein Stück Jutestoff auf den Deckel kleben, dabei an den Seiten leicht ausfransen.
- Einige Dekoblätter mit etwas Bast ebenfalls auf dem Deckel arrangieren und aufkleben.
- Mit Golddekoscheiben und Dekosteinen nach Bedarf weiter ausschmücken.

Schwarze Schachtel

- Schuhkartondeckel mit schwarzer Wellpappe beziehen.
- Unterteil mit Jutestoff bekleben.
- Auf den Deckel ein Stück Flechtband kleben.
- Drei Bambusstäbe mit Naturkordel und Tiririca umwickeln und dann ebenfalls auf dem Deckel arrangieren.
- Mit Islandmoos, vorher geknülltem marmorierten Papierband und Dekorglassteinen weiter ausschmücken.

DAS BRAUCHEN SIE:

- zwei Schuhkartons
- Wellpappe in Grün und Schwarz
- marmoriertes Papier
- Jutestoff
- fünf Dekoblätter
- Naturbast
- Golddekoscheiben
- Dekosteine
- Flechtband
- drei Bambusstäbe
- Naturkordel
- Tiririca
- Islandmoos

Aus Küche und Garten

Für die Küche viel zu schade! Zur Aufbewahrung von Gewürzen; aber auch für Schmuck und andere kleine Kostbarkeiten sind diese Döschen gut geeignet.

DAS BRAUCHEN SIE:

- quadratische Pappschachteln in verschiedenen Größen
- naturfarbenes Flechtband
- Schere
- Kleber
- Wellpappe in Natur und Schwarz
- Zimtstangen
- Juteband
- getrocknete Orangenscheiben
- Sternanis
- Ingwer
- kleine Zapfen
- schwarzes Netzpapier
- handgeschöpftes schwarzes Papier
- Naturbast
- Holzwolle
- getrocknetes Johannisbrot
- getrocknete Maisblätter
- kleine Zweige
- getrocknete Apfelscheiben
- naturfarbene Kordel
- Holzkugeln
- runde Pappschachtel
- naturfarbenes Flechtband
- Dekobesen
- Gewürzpotpourri

Anleitung

Kleine Gewürzdose

- Flechtband entsprechend der Schachtelhöhe zuschneiden und Seitenteile damit bekleben.
- Naturfarbene Wellpappe auf Deckelgröße zuschneiden und aufkleben, Deckelrand mit schwarzer Wellpappe umkleben.
- Zimtstangen locker mit Juteband zusammenbinden und auf den Deckel kleben, dazu nach Wahl Orangenscheibe, Sternanis, Ingwer und kleine Zapfen arrangieren.

Orangendose

- Netzpapier auf Schachtelhöhe zuschneiden und um die Schachtelseiten kleben, auf eine Schachtelseite nach Bedarf noch eine halbe getrocknete Orangenscheibe kleben.
- Schwarzes Papier auf Deckelgröße zuschneiden und aufkleben.
- Deckelrand mit Kleber einstreichen und mit Naturbast umwickeln.
- Holzwolle, Johannisbrot und Orangenscheibe auf dem Deckel anordnen und aufkleben.

Große Apfeldose

- Naturfarbene Wellpappe auf Schachtelhöhe zuschneiden und die Seitenteile damit umkleben.
- Um die Seiten zwei getrocknete Maisblätter wickeln und ankleben.
- Flechtband auf Deckelgröße zuschneiden und aufkleben.
- Schwarze Wellpappe auf Deckelrandgröße zuschneiden, diesen damit umwickeln und aufkleben.
- Schwarzes Netzpapier in ein Stück reißen und ebenfalls aufkleben.
- Mit Naturbast zusammengebundene Zweige und getrocknete Apfelscheiben als Dekorationselemente auf dem Deckel arrangieren und aufkleben.
- Kordel um den Deckel wickeln und ankleben; an den Kordelenden Holzkugeln mittels Knoten befestigen.

Besendose

- Zweige auf Schachtelhöhe zuschneiden und Schachtel damit gleichmäßig umkleben.
- Kordel mehrfach um den Deckelrand schlingen, aufkleben und die Enden verknoten.
- Flechtband in Form einer Welle auf den Deckel kleben.
- Dekobesen so auf das Flechtband kleben, daß er schräg nach oben zeigt, Gewürzpotpourri rund um den Besen dekorieren und aufkleben.

Grafisches

Grafisches Design in Natur und Schwarz – mit wenig Material und etwas Phantasie lassen sich diese Dosen schnell anfertigen.

Anleitung

Dose mit Netzpapier

- Wellpappe in die Spanschachtel einkleben (s. Anleitung S. 9). Unterteil und Rand des Oberteils mit Netzpapier umkleben. Deckel mit Wellpappe beziehen.
- Kordel oben und unten um die Dose kleben, dabei am oberen Rand zu einer Schleife binden. Ein Stück Netzpapier auf den Deckel kleben.

Große Dose

- Wellpappe in die Spanschachtel einkleben. Dose oben und unten mit schwarzem Strukturpapier umkleben.
- Deckel mit Wellpappe beziehen.
- Naturbast flechten, zweimal um den unteren, einmal um den oberen Rand schlingen und befestigen. Keramikperlen auffädeln und Bast verknoten.
- Aus Strukturpapier Dreiecke ausschneiden und aufkleben. Ein Stück Strukturpapier und ein Dreieck aus Wellpappe auf den Deckel kleben.

Dose mit Bastschleife

- Wellpappe in die Spanschachtel einkleben. Dose oben und unten mit schwarzer Wellpappe umkleben. Deckel mit Wellpappe beziehen.
- Bast mehrmals um die Dose wickeln und ankleben. Aus schwarzer Wellpappe Dreieck ausschneiden, Bastschleife binden und beides aufkleben.

DAS BRAUCHEN SIE:

- drei ovale Spandosen in verschiedenen Größen
- Wellpappe in Natur und Schwarz
- Schere
- Kleber
- handgeschöpftes schwarzes Netzpapier
- schwarzes Strukturpapier
- Kordel in Natur-Schwarz
- Naturbast
- schwarze Keramikperlen

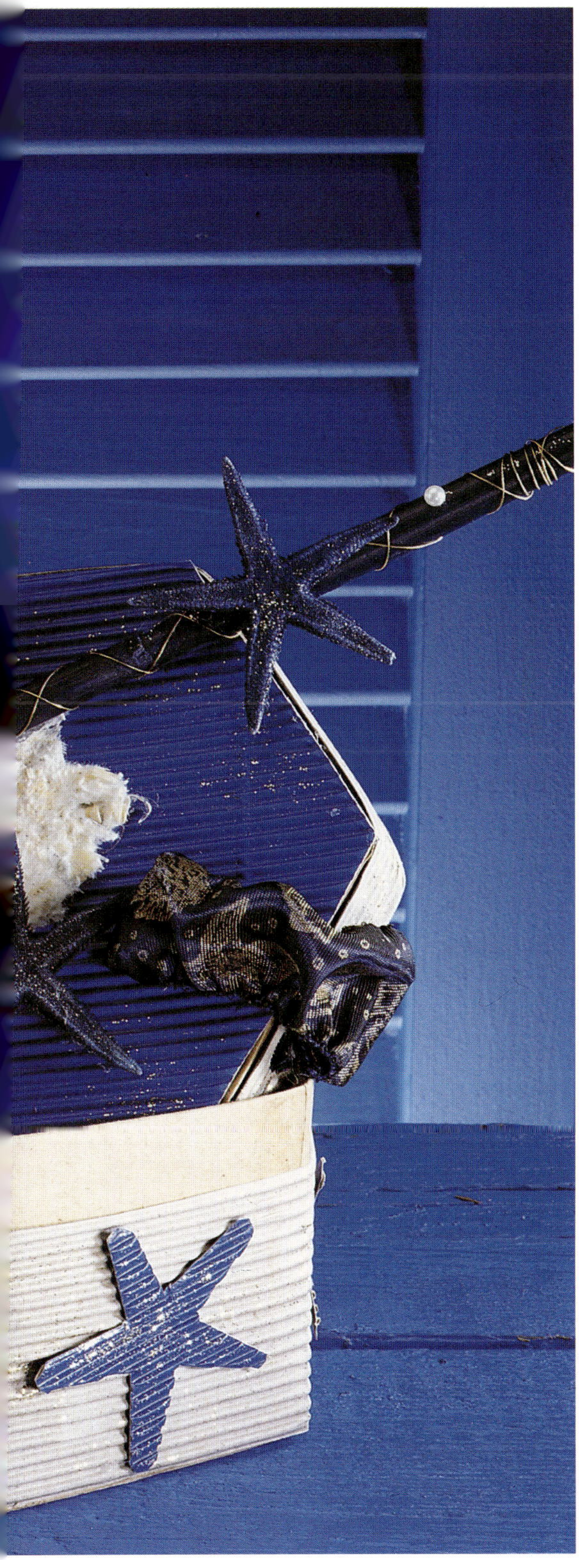

Muscheln und mehr

In diesen Dosen steckt mehr als der Wunsch nach Sonne, Strand und Urlaubsstimmung. Vielleicht möchten Sie darin einen schönen Bikini oder ein Strandkleid verschenken?

Anleitung

Sechseckige Dose

- Schachtelunterteil und Deckelrand mit Wellpappe umkleben, Deckeloberseite damit beziehen.
- Aus Wellpappe Seesterne ausschneiden und rings um die Schachtel kleben. Ein Stück handgeschöpftes Papier auf den Deckel kleben, dazu zwei mit Golddraht umwickelte Bambusstäbe, Seesterne, Perlen und Dekoband arrangieren und befestigen.
- Zum Schluß mit Glitzerfarbe in Gold einige Akzente setzen.

Kleine Dose

- Wellpappe in die Spanschachtel einkleben, die Dose rundherum wellenförmig mit blauer und naturfarbener Steinfarbe bemalen. Holzwolle und Muscheln auf dem Deckel arrangieren.

Große Dose

- Wellpappe in die Spanschachtel einkleben. Aus dem handgeschöpften Papier zwei unterschiedlich breite Streifen schneiden, jeweils an einer Seite unregelmäßig abreißen und um Deckel und Dosenunterteil kleben; Deckeloberseite ebenfalls mit diesem Papier beziehen und anschließend großflächig mit Steinfarbe bemalen.
- Holzwolle und verschiedene Muscheln dekorativ arrangieren.

DAS BRAUCHEN SIE:

- zwei runde Spanschachteln
- sechseckige Pappschachtel
- Wellpappe in Blau und Natur
- Schere
- Kleber
- Steinfarbe in Blau und Natur
- Pinsel
- verschiedene Muscheln
- Holzwolle, mit blauer Seidenmalfarbe eingefärbt
- handgeschöpftes Papier in Natur und Weiß
- blaue Bambusstäbe
- blaue Seesterne
- Dekoband mit Muschelmotiv
- Glitzerfarbe in Gold
- Perlen, weiß
- Golddraht

Für Genießer

Originell und „geschmackvoll" sind diese Dosen als Hülle für Wein, Sekt und andere nasse Köstlichkeiten.

Anleitung

Piccolo-Dose

- Wellpappe in die Spanschachtel einkleben, Unterteil mit Dekoband und Bast, Deckel mit Bast umkleben.
- Kupferdraht um einen Bleistift wickeln, Bleistift herausziehen, entstandene Spiralen dekorativ einsetzen.
- Islandmoos, Muschel, Maisband und Bambusstäbe auf dem Deckel anordnen und befestigen.

Dose mit Efeuranke

- Wellpappe in die Spanschachtel einkleben, Deckel und Dosenunterteil mit Seidenmalfarbe bestreichen und nach dem Trocknen oben und unten mit Dekoband umkleben.
- Aus Naturbast und Dekoband je eine Schleife binden. Efeuranke, Dekobeeren und Schleifen zusammenbinden und auf dem Deckel befestigen.
- Ein kleines Stück Efeuranke nach Wahl auch am Dosenunterteil befestigen.

Dose mit Seidenblumen

- Wellpappe in die Spanschachtel einkleben, Dosenunterteil mit Dekoband in Rosa faltig umkleben. Deckelrand und Wellpappe mit Glitzerfarbe bemalen. Dekoblätter, Dekobeeren, Seidenblumen und Dekoband auf dem Deckel arrangieren und aufkleben.

DAS BRAUCHEN SIE:

- runde Spanschachteln in verschiedenen Größen
- Wellpappe in Natur
- Schere
- Kleber
- Naturbast
- Islandmoos, grün
- Dekobambusstäbe, grün
- Muschel
- Maisblätter
- Dekokupferdraht
- grüne Dekoblätter
- Dekobänder, grün und rosa
- Efeuranke
- Dekoweinbeeren
- Seidenmalfarbe, tannengrün
- Pinsel
- Glitzerfarbe in Gold
- Seidenblumen, rosa
- Dekobeeren, rosa

Nützliches

Zweierlei auf einen Streich – nützlich und dekorativ! Schachteln wie diese halten Ordnung und sind attraktiver Blickfang im Raum.

DAS BRAUCHEN SIE:

- Spanschachteln, oval und rund
- Wellpappe in Grün, Blau und Schwarz
- Schere
- Kleber
- Glitzerfarbe, smaragdgrün und saphirblau
- Pinsel
- Zackenschere
- diverse Büroutensilien
- Dekoband, blau-weiß-kariert
- Satinkordel, grün
- Satinband, grün und blau
- verschiedene Knöpfe
- Steinfarbe, natur
- verschiedene Metallzierteile
- Schmucksteine

Anleitung

Bürodose

- Wellpappe in die Spanschachtel einkleben. Dosenunterteil und Deckel mit grüner Wellpappe umkleben. Mit der Zackenschere aus grüner Wellpappe einen Streifen ausschneiden und mit Glitzerfarbe anmalen. Nach Wahl Büroklammern aufstecken.
- Diesen Streifen nach oben versetzt über das Dosenunterteil kleben. Deckel mit Glitzerfarbe bemalen und mit Büroaccessoires ausschmücken.

Knopfdose

- Dosenunterteil und Deckel mit Wellpappe umkleben.
- Mit der Zackenschere einen Streifen blaue Wellpappe ausschneiden und ebenfalls um den Deckel kleben.
- Dosenunterteil und Deckel mit Glitzerfarbe bemalen. Deckel mit Dekobändern und Knöpfen schmücken.

Schmuckdose

- Dosenunterteil mit Steinfarbe bemalen.
- Einen unregelmäßig gerissenen Wellpappestreifen diagonal über den Deckel legen und aufkleben. Je eine Deckelhälfte mit smaragdgrüner und saphirblauer Glitzerfarbe bemalen.
- Dreiecke aus schwarzer Wellpappe ausschneiden, zusammen mit den Zier- und Schmuckteilen dekorativ arrangieren und aufkleben.

Ethno-Look

Grüße aus fernen Ländern – kleine Souvenirs oder Mitbringsel von der Reise können Sie hier als Geschenk wunderbar in Szene setzen.

Anleitung

Große Dose

- Wellpappe in die Spanschachtel einkleben, Deckel und Dosenunterteil mit Wellpappe und mit der Bordüre des Dekobandes umkleben.
- Aus dem Dekoband mit einer Zackenschere kleine Stücke ausschneiden und auf Dose und Deckel kleben.
- Lederbänder flechten, Schmuckscheibe auffädeln, Schleife binden und diese an die Deckelkante kleben.

Dose mit Holzperlen

- Wellpappe in die Spanschachtel einkleben, Deckelrand und Dosenunterteil mit Wellpappe umkleben. Für den Deckel Wellpappe mit einer Zackenschere zuschneiden, aufkleben.
- Dekoband in passende Stücke schneiden und versetzt auf die Dose kleben, Holzperlen auf den Bast auffädeln und um den Deckelrand kleben.
- Dekoscheiben plazieren, befestigen.

Kleine Dose

- Dosenunterteil mit Dekoband bekleben, für den Deckel Wellpappe mit einer Zackenschere zuschneiden und aufkleben. Deckelrand mit Kokosfaserpapier umkleben, ein Stück gerissenes Papier auf den Deckel kleben.
- Bast und Lederbänder verflechten, Schleife binden. Schmucksteine arrangieren und alles aufkleben.

DAS BRAUCHEN SIE:

- ovale Spanschachteln
- Wellpappe in Natur und Braun
- Dekobänder
- Lederband, hell- und dunkelbraun
- Schmuckscheibe
- Naturbast
- unterschiedlich große Holzperlen in Natur und Dunkelbraun
- Kokosfaserpapier in Natur
- verschiedene Dekoscheiben mit Holzperlen

Musik, Musik, Musik ...

Diese Schachteln können ein Geschenk für Musikliebhaber sein und eventuell auch Konzert- oder Opernkarten enthalten.

DAS BRAUCHEN SIE:

- sechseckige Pappschachteln in verschiedenen Größen
- Notenpapierband
- Schere
- Kleber
- Netzpapier in Grün und Natur
- Glitzerfarbe in Gold
- Pinsel
- Dekosterne in Gold
- Bouillondraht
- Deko-Musikinstrumente
- Juteband in Gold und Dunkelbraun
- Goldkordel mit Draht
- Pappschachtel, rechteckig (14 x 9 cm)
- Wellpappe in Schwarz und Weinrot
- schwarzes handgeschöpftes Papier
- Flechtband in Natur
- Goldkordel
- Deko-Noten in Gold
- Dekoengel

Anleitung

Große Schachtel in Gold

- Schachtelseiten mit Notenpapierband bekleben.
- Grünes Netzpapier zurechtschneiden und auf den Schachteldeckel kleben. Deckel oben und am Rand locker mit etwas Glitzerfarbe bestreichen.
- Deko-Musikinstrumente, Goldsterne, Notenband und Bouillondraht auf dem Deckel arrangieren.

Kleine Schachtel in Gold

- Schachtelseiten mit naturfarbenem Netzpapier umkleben, anschließend Goldsterne aufsetzen.
- Goldenes Juteband zurechtschneiden und oben auf den Deckel kleben, Sterne und Kordel daraufsetzen.
- Braunes Juteband um den Deckelrand schlingen.

Schwarze Schachtel

- Schwarze Wellpappe, schwarzes Papier und Flechtband entsprechend der Schachtelgröße zuschneiden.
- Wellpappe und Flechtband um die Schachtelseiten, schwarzes Papier oben auf den Deckel kleben.
- Aus weinroter Wellpappe und Juteband geometrische Formen ausschneiden, aufsetzen und ankleben.
- Notenpapier etwas knüllen, Goldkordel zu einer Spirale formen und zusammen mit Deko-Noten und Engel auf dem Deckel arrangieren.

DAS BRAUCHEN SIE:

- ovale Spandosen in verschiedenen Größen
- Dekoband
- Wellpappe in Natur
- Schere
- Kleber
- Glitzerfarbe in Gold
- Pinsel
- Dekopäckchen
- Goldkordel
- Bouillondraht
- Bastelfarbe in Marine
- Goldfolie
- Goldborte
- Dekoschleife, blau
- Schmuckteil
- Goldsterne
- Goldquaste

Weihnachtliches

Es weihnachtet sehr! Geschenkverpackungen dieser Art können Sie auch ideal als Weihnachtsdekoration verwenden.

Anleitung

Schachtel mit Dekopäckchen

- Wellpappe in die Spandose einkleben. Dekoband unter Bildung von Falten rings um die Schachtel kleben. Wellpappe unregelmäßig und hauchdünn, Schachteldeckel satt mit Glitzerfarbe bemalen, trocknen lassen.
- Dekoband auf den Deckel kleben, Ecken dabei etwas überstehen lassen. Dekopäckchen mit Goldkordel verzieren, auf dem Deckel arrangieren und aufkleben.
- Mit etwas Bouillondraht das Arrangement komplettieren.

Schachtel mit blauer Schleife

- Spanschachtel mit Bastelfarbe grundieren, trocknen lassen; mit Glitzerfarbe darübermalen. Wellpappe einkleben und diese ebenfalls sparsam mit Glitzerfarbe bestreichen.
- Zwei Dreiecke aus Goldfolie ausschneiden und aufkleben. Dosenunterteil mit Goldkordel umwickeln, oben seitlich Dekoschleife anbringen und mit etwas Bouillondraht umschlingen.

Große Schachtel

- Spanschachtel mit Glitzerfarbe bemalen, Wellpappe einkleben.
- Aus Wellpappe zwei Sterne ausschneiden und mit Glitzerfarbe bemalen. Einen der Sterne auf die Vorderseite der Schachtel kleben; auf den Deckel ein Stück Wellpappe mit zweitem Stern und Dekoband arrangieren und aufkleben.

Kleine Schachtel

- Wellpappe in die Spanschachtel kleben. Um das Dosenunter- und -oberteil verschiedene Goldborten kleben; auf den Deckel ein Stück Wellpappe kleben.
- Dose mit Goldsternen verzieren, mit Goldquaste und Goldkordel weiter ausschmücken.

DAS BRAUCHEN SIE:

- Schachtel (4 x 17 x 12 cm)
- Glitzerfarbe in Blau
- Stoffband „Sonne, Mond und Sterne“
- mit Gold durchwirktes Stoffband
- Dekosonne
- Kordel in Blau-Gold
- Dekokette in Gold

SCHREIB MAL WIEDER!

Sonne, Mond und Sterne

Diese trendige Schachtel für Briefpapier kann auch eine unmißverständliche Aufforderung an den schreibfaulen Brieffreund sein.

Anleitung

- Schachtelunterteil, Seitenteile und Deckel bis auf einen schmalen Rand ganz mit dem Dekoband beziehen.
- Diesen Rand mit blauer Glitzerfarbe bemalen und nach dem Trocknen mit einer Kordel umlegen.
- Mit Dekosonne, Juteband und Goldkette ganz nach Bedarf weiter ausschmücken.

Meereszauber

Nicht nur für Briefe aus dem Sommerurlaub – vielleicht ist das Basteln dieser Briefmappen sogar willkommener Zeitvertreib an kalten Wintertagen?

Anleitung

Briefmappe

- Schreibmappe mit weißem Netzpapier beziehen, blaue Wellpappe oben wellenförmig schneiden und um die Mappe kleben, Dekoband in leichten Falten ebenfalls um die Mappe kleben.
- Drahtgoldband um die Bambusstäbe wickeln, zusammen mit der Muschel und den Seesternen dekorativ anordnen und aufkleben.
- Mit Glitzerfarbe in Gold nach Wahl großzügig über Wellpappe und Netzpapier pinseln.

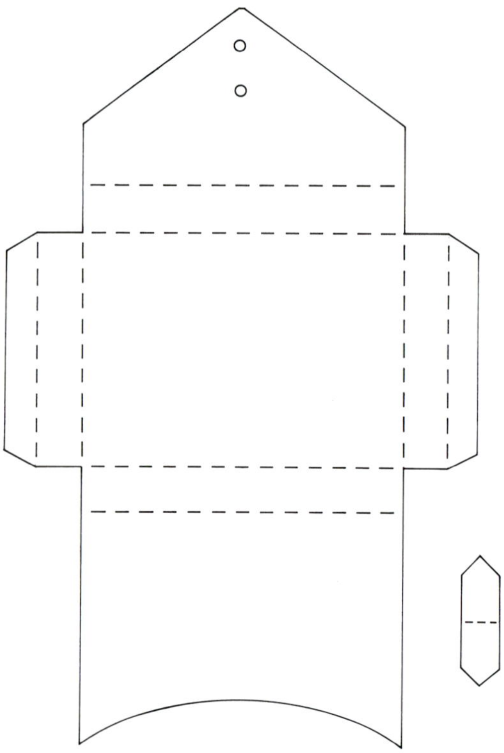

Briefkuvert

Grundform

- Vorlage kopieren, vergrößern und abpausen, auf blaue Wellpappe aufzeichnen und ausschneiden.
- Längs der gestrichelten Linien leicht anritzen, sorgfältig knicken und zusammenkleben.
- Streifen als Eckverstärker nach Muster zweimal ausschneiden und um den unteren Mappenrand kleben. Löcher wie eingezeichnet ausschneiden.
- Wellpappe nach Vorlage ausschneiden, falten und verkleben, Eckverstärkung aufkleben.

- Kordel doppelt als Schlaufe durch die beiden Löcher der Klappe ziehen und verknoten. Kordelenden mit je einer Muschel verzieren. Weitere passende Muschel so aufkleben, daß die Kordelschlaufe als Verschluß dienen kann.
- Mit Steinfarbe, restlichen Muscheln, Seestern und etwas Dschungelgras die Mappe weiter ausschmücken.

DAS BRAUCHEN SIE:

- Wellpappe in Blau
- Schere
- Kleber
- Waffelnetzpapier
- Steinfarbe, natur
- Pinsel
- Seesterne
- Muscheln
- Bambusstäbe, blau
- Dekokordel, natur
- Dekoband mit Muschelmotiven
- Drahtgoldband
- Glitzerfarbe in Gold
- Dschungelgras, blau

OLYMPUS LENS
35mm 1:3.5

ERINNERUNGEN

Modern und jugendlich

Hatten Sie bisher auch nie Lust, Ihre Urlaubsbilder einzukleben? Mit diesem Album kann Ihnen das nicht passieren!

Anleitung

- Vorder- und Rückseite des Albums teils mit weißer, teils mit lilafarbener Wellpappe beziehen.
- Aus verschiedenfarbigen Wellpappen und Silberfolie mit einer Zackenschere geometrische Formen ausschneiden.
- Weiße Wellpappe und andere Teile des Albums nach Bedarf mit Steinfarbe bemalen.
- Geometrische Formen auf dem Album arrangieren und aufkleben.

DAS BRAUCHEN SIE:

- Fotoalbum (möglichst aus Umweltpapier)
- Wellpappe in Weiß, Lila und Pink
- Schere
- Kleber
- Zackenschere
- Silberfolie
- Steinfarbe, natur
- Pinsel

Natur pur

Aufwendig gestaltet und dabei doch ganz im Naturtrend, kann dieses Fotoalbum Erinnerungen an einen ganz besonderen Urlaub enthalten.

DAS BRAUCHEN SIE:

- Fotoalbum
- Wellpappe in Grün und Schwarz
- Schere
- Kleber
- zwei Weinkorken
- kleines Messer
- Naturbast
- Jutestoff
- Jutegitter
- Keramikperlen, schwarz

Anleitung

- Grüne Wellpappe in Albumgröße zuschneiden und aufkleben.
- Je vier Dreiecke aus Jutestoff und schwarzer Wellpappe ausschneiden und in die Ecken setzen.
- Ein breites Stück Jutenetzband mittig aufsetzen und befestigen.
- Weinkorken in gleich große Scheiben schneiden und versetzt auf das Jutenetzband kleben.
- Naturbast kreuzweise darumschlingen, am Ende drei Keramikkugeln aufziehen, Bast verknoten und befestigen.
- Jutekordel als Schlinge auf der Albumrückseite befestigen.
- Ganzen Korken so auf der Vorderseite befestigen, daß die Schlinge als Verschluß dienen kann.
- Aus Bast eine Schnur flechten und aufkleben.

Im FALKEN Verlag sind zahlreiche Titel zum Thema „Basteln mit Papier" erschienen. Sie sind überall da erhältlich, wo es Bücher gibt.

Für Rückfragen steht Ihnen die Autorin, Frau Iris Kasperek, Salmannsweilergasse 11, 78462 Konstanz, gerne zur Verfügung.

ISBN 3 8068 1430 9

Umschlaggestaltung: Peter Udo Pinzer
Gestaltung: Horst Bachmann
Redaktion: Uta Koßmagk
Herstellung: Anke Sprey
Titelbild: Photo Illustrations Ltd., London
Fotos: **Photo Illustrations Ltd.**, London; Foto S. 62: **Dirk Koßmagk**, Wiesbaden
Zeichnung: S. 58, **Daniela Schneider**, Frankfurt/Main
Reißillustration: S. 31, **Ilse Stockmann-Sauer**, Offenbach

Satz: FALKEN Verlag, Niedernhausen/Ts.
Druck: Mairs Graphische Betriebe GmbH, Ostfildern (Kemnat)

817 2635 4453